JUSTICE MILITAIRE

RÉQUISITION

DE

LA FORCE ARMÉE

Édition mise à jour jusqu'au 30 avril 1906

PARIS

HENRI CHARLES-LAVAUZELLE

Éditeur militaire

10, Rue Danton, Boulevard Saint-Germain, 118

(MÊME MAISON A LIMOGES)

1906

JUSTICE MILITAIRE

RÉQUISITION

DE

LA FORCE ARMÉE

Mis à jour jusqu'au 30 avril 1906

PARIS

Henri **CHARLES-LAVAUZELLE**

Éditeur militaire

10, Rue Danton, Boulevard Saint-Germain, 118

(MÊME MAISON A LIMOGES)

—

1906

INSTRUCTION

SUR LES

RÉQUISITIONS DE LA FORCE ARMÉE

(1)

Paris, le 24 juin 1903.

Les règles concernant les réquisitions de la gendarmerie sont nettement indiquées dans le décret du 20 mai 1903 sur l'organisation et le service de cette arme, auquel il y aura lieu, le cas échéant, de se reporter.

Mais les règles relatives aux réquisitions des troupes de ligne, en vue du maintien de l'ordre public et de l'exécution des lois, sont éparses dans plusieurs lois, décrets, règlements et circulaires, dont quelques-uns sont anciens et ne se rapportent plus exactement à l'organisation politique et militaire actuelle.

La présente instruction a pour but de réunir toutes les règles en vigueur dans un seul document et de préciser l'interprétation à donner aux textes qui régissent la matière, en y ajoutant certaines recommandations sur

---

(1) Cette instruction a reçu l'adhésion de M. le Président du Conseil, Ministre de l'intérieur, le 9 juin 1903.

lesquelles il importe d'appeler l'attention des autorités militaires.

CHAPITRE Ier.

PRINCIPES GÉNÉRAUX.

Art. 1er. — Toutes les mesures concernant le maintien de l'ordre public et les réquisitions de la force armée sont du ressort du commandement territorial, tel qu'il a été défini par l'article 9 du titre III de la loi du 10 juillet 1791, ainsi conçu :

« Dans chaque arrondissement, l'officier général commandant, chargé de tenir la main à l'exécution des règlements militaires, sera de plus obligé de se concerter avec toutes les autorités civiles, à l'effet de procurer l'exécution de toutes les mesures ou précautions qu'elles auront pu prendre pour le maintien de la tranquillité publique ou pour l'observation des lois, ainsi que d'obtempérer à leurs réquisitions toutes les fois qu'elles seront dans les cas prévus par les lois. »

Par suite, le commandement territorial se trouvant maintenant dévolu aux généraux commandant les corps d'armée (article 14 de la loi du 24 juillet 1873) et, sous leur autorité supérieure, aux généraux de brigade et de division, commandant les subdivisions de région (article 18 de la loi du 13 mars 1875), c'est à ces autorités qu'incombent les attributions prévues par l'article 9 précité de la loi du 10 juillet 1791. A cet effet, chacune de ces autorités dispose, pour les mesures d'ordre public, de toutes les troupes stationnées sur son territoire, qu'elles soient ou non placées sous son commandement normal.

Les mêmes attributions appartiennent dans leur place aux commandants d'armes, qui relèvent hiérarchiquement du commandement territorial (1).

Art. 2. — L'autorité militaire ne doit agir que d'après la réquisition des autorités civiles, et autant que possible après s'être concertée avec elles.

---

(1) Voir articles 13 et 16 du titre III de la loi du 10 juillet 1791, article 20 de la loi du 3 août 1791 et article 16 du décret du 4 octobre 1891 :

Article 13 du titre III de la loi du 10 juillet 1791. — « Les commandants particuliers se conformeront, dans leurs places respectives, à ce qui est prescrit article 9 du présent titre, pour l'officier général commandant dans l'arrondissement, ainsi qu'aux ordres qu'ils recevront dudit officier général. »

Article 16 du titre III de la loi du 10 juillet 1791. — « Dans toutes les circonstances qui intéresseront la police, l'ordre, la tranquillité intérieure des places, et où la participation des troupes serait jugée nécessaire, le commandant militaire n'agira que d'après la réquisition par écrit des officiers civils, et, autant que faire se pourra, qu'après s'être concerté avec eux. »

Article 20 de la loi du 3 août 1791. — « Aucun corps ou détachement de troupes de ligne ne pourra agir dans l'intérieur du royaume, sans une réquisition légale, sous les peines établies par les lois. »

Article 16 du décret du 4 octobre 1891. — « Le commandant d'armes relève hiérarchique-

Pour faciliter le concert préalable, le commandant de la troupe, quel que soit son grade, et le représentant de l'autorité civile se réuniront, comme il est rationnel, à la mairie si la réquisition émane d'un magistrat municipal et, dans les autres cas, chez le représentant de l'autorité civile ou chez le commandant de la troupe, suivant que le premier a ou non le rang le plus élevé dans l'ordre des préséances.

Art. 3. — Les autorités civiles qui ont le droit de requérir les troupes de ligne sont : les préfets, les sous-préfets, les maires, les adjoints aux maires, les procureurs généraux près les cours d'appel, les procureurs de la République près les tribunaux de première instance et leurs substituts, les présidents de cours ou de tribunaux, les juges d'instruction, les juges de paix et les commissaires de

---

ment du commandant territorial dans les conditions prévues à l'article 31. Il est informé, par ses soins, de tous les exercices et prises d'armes des troupes de la garnison qui ne seraient pas prévus par les tableaux de service journalier.

« Il détermine, de concert avec l'autorité civile, s'il y a lieu, les publications et les défenses qui regardent les troupes ; il règle avec elle les mesures de police qui intéressent en même temps les habitants et les militaires ; il défère à ses réquisitions lorsqu'elles ont pour objet d'assurer l'exécution des lois ou le maintien de la tranquillité publique. »

police. (Art. 64 du décret du 4 octobre 1891) (1).

Les pouvoirs conférés par le paragraphe précédent aux magistrats de l'ordre judiciaire civil s'appliquent aux magistrats de la justice militaire, présidents des conseils de guerre et de revision, commissaires du gouvernement, rapporteurs et officiers de police judiciaire, dans l'exercice de leurs fonctions.

De plus, dans les cas urgents, les officiers et commandants de brigade de gendarmerie peuvent requérir directement l'assistance de la troupe, qui est tenue de leur prêter main-forte.

Art. 4. — Les autorités militaires à qui les réquisitions peuvent être adressées par les autorités mentionnées à l'article précédent sont :

1° Les chefs de poste et les commandants des gardes, piquets et patrouilles, dans les cas et dans les conditions prévus par les articles 63 et 64 du décret du 4 octobre 1891 (2);

---

(1) En outre, conformément à l'article 73 du décret du 4 octobre 1891, les commandants des gardes placées aux portes des places peuvent recevoir des réquisitions spéciales des préposés des octrois et des douanes et des agents assermentés du service du génie.

(2) Article 63 du décret du 4 octobre 1891. — « Les chefs de poste ne doivent pas perdre de vue que la force armée est essentiellement protectrice de l'ordre public, des personnes et de la propriété. En conséquence, ils prêtent main-forte pour l'arrestation des individus signalés

2° Les commandants d'armes ;

3° Les généraux de brigade et de division commandant les subdivisions de région ;

4° Les généraux commandant les régions de corps d'armée ou les gouverneurs militaires de Paris et de Lyon.

---

comme délinquants et des perturbateurs de l'ordre lorsqu'ils en sont requis par les officiers de police ou leurs agents. Dans aucun cas, ils ne marchent eux-mêmes et ne dégarnissent leur poste de plus de la moitié de sa force.

« Ils doivent protéger toute personne dont la sûreté est menacée. Ils font arrêter, conformément à l'article 106 du Code d'instruction criminelle, les individus poursuivis par la clameur publique ou surpris en flagrant délit.

« Ils reçoivent tout individu qui est amené à leur poste par les agents de police. Ces agents doivent faire connaître le caractère public dont ils sont revêtus. Ils écrivent et signent leur réquisition sur le rapport.

« Toutes les fois que les chefs de poste ont été dans le cas de faire procéder à une arrestation sur l'avertissement ou la plainte d'un tiers, sans l'intervention d'un officier de police, ils prennent note des noms, professions et demeures des plaignants et en font mention dans leur rapport.

« Si un inconnu réclamait l'assistance de la garde pour arrêter une autre personne, en raison d'un dommage ou d'un délit qui ne serait pas bien constaté, le chef de poste les ferait conduire immédiatement l'un et l'autre devant le commissaire de police.

« Tous les individus arrêtés sont conduits le plus tôt possible au bureau de la place s'ils sont militaires, ou devant le commissaire de police s'ils sont civils ; le chef de poste fait

La réquisition doit être adressée au commandant d'armes, toutes les fois qu'elle n'a pour objet que de faire agir des troupes d'une garnison sur place ou dans un rayon de 10 kilomètres autour de la garnison, sauf décision spéciale du commandant de la région rattachant à la place, pour les mesures d'or-

---

connaître, par écrit, les motifs et toutes les circonstances des arrestations.

« Quand le bureau de la place ou le bureau du commissaire de police sont fermés, les individus arrêtés pendant la nuit sont maintenus au violon du poste et ne peuvent communiquer avec qui que ce soit au dehors. Ils sont particulièrement surveillés et sont conduits, au point du jour, au bureau de la place ou chez le commissaire de police.

« Les militaires et autres qui ont été arrêtés en état d'ivresse ne doivent être conduits, soit au bureau de la place, soit chez le commissaire de police, que lorsque leur ivresse a cessé.

« Quand des rassemblements se sont formés à l'occasion d'une arrestation et si, d'après les dispositions de la foule, le chef de poste juge que les personnes arrêtées ne peuvent être conduites avec sûreté par la force à ses ordres, il les fait garder au poste et en informe le major de la garnison. »

Article 64 du décret du 4 octobre 1891. — « Les commandants des gardes, piquets et patrouilles ne doivent pas perdre de vue les conditions de responsabilité, à l'égard du maintien de l'ordre public, que leur impose l'article 234 du Code pénal, ainsi conçu :

« Tout commandant, tout officier ou sous-officier de la force publique qui, après avoir été légalement requis par l'autorité civile, aura refusé de faire agir la force sous ses ordres, sera dre public, une agglomération ou un établissement plus éloignés.

Lorsque la réquisition doit entraîner un déplacement de troupes hors des limites ci-dessus, elle doit être adressée au général de brigade ou de division commandant les subdivisions intéressées, s'il réside au siège de l'autorité requérante; cet officier général in-

---

puni d'un emprisonnement d'un mois à trois mois, sans préjudice des réparations civiles qui pourraient être dues.

« Les autorités civiles qui sont en droit de faire des réquisitions sont : les préfets, les sous-préfets, les maires, les adjoints aux maires, les procureurs généraux près les cours d'appel, les procureurs de la République près les tribunaux de première instance et leurs substituts, les présidents de cours ou de tribunaux, les juges d'instruction, les juges de paix et les commissaires de police.

« Dans les cas urgents, les officiers et sous-officiers de gendarmerie peuvent requérir directement l'assistance de la troupe, qui est tenue de déférer à leurs réquisitions et de leur prêter main-forte.

« Les réquisitions doivent être faites par écrit, rédigées de manière à mettre en évidence leur motif et leur objet, et être signées par l'autorité requérante,

« Mais en obtempérant aux réquisitions des fonctionnaires chargés de l'exécution des lois et des règlements de police, les chefs de poste restent libres d'adopter telles dispositions militaires proprement dites que l'objet des réquisitions leur paraît exiger.

« Le présent article est affiché dans tous les corps de garde. »

vite, le cas échéant, les commandants d'armes à délivrer les ordres de mouvement nécessaires en vertu de l'article 6 du décret du 20 décembre 1899 sur les mouvements de troupes.

Si le général commandant les subdivisions ne réside pas au siège de l'autorité requérante, la réquisition est adressée directement au général commandant la région ou le gouvernement. Ce dernier officier général, si les ressources de son territoire sont insuffisantes pour satisfaire à la réquisition, ou si celle-ci peut être satisfaite plus rapidement au moyen de troupes empruntées à une région voisine, rend compte au Ministre et lui demande d'envoyer les troupes nécessaires.

Afin d'éviter tout retard ou confusion dans les mesures à prendre, il importe que les autorités civiles compétentes évitent de s'adresser directement au Ministre de la guerre, leurs demandes pouvant faire double emploi ou même être parfois contradictoires avec celles reçues des commandants de corps d'armée. Pour le même motif, il convient que les autorités administratives s'abstiennent de s'adresser au Ministre de l'intérieur pour lui demander de transmettre leurs demandes au Ministre de la guerre.

Art. 5. — Les présidents du Sénat et de la Chambre des députés ont, au point de vue des réquisitions, des droits spéciaux résultant de l'article 5 de la loi du 22 juillet 1879, ainsi conçu :

« Les présidents du Sénat et de la Chambre des députés sont chargés de veiller à la sûreté intérieure et extérieure de l'assemblée qu'ils président.

« A cet effet, ils ont le droit de requérir la force armée et toutes les autorités dont ils jugent le concours nécessaire.

« Les réquisitions peuvent être adressées directement à tous officiers, commandants ou fonctionnaires, qui sont tenus d'y obtempérer immédiatement, sous les peines portées par les lois.

« Les présidents du Sénat et de la Chambre des députés peuvent déléguer leur droit de réquisition aux questeurs ou à l'un d'eux. »

Art. 6. — Les réquisitions ne peuvent être données et exécutées que dans la circonscription de celui qui les donne et de celui qui les exécute.

Art. 7. — Toute réquisition doit être faite par écrit, datée et signée, et dans la forme ci-après, fixée par l'article 22 de la loi du 3 août 1791 :

« Au nom du peuple français,

« Nous,   , requérons, en vertu de la loi, M.   , commandant   , de prêter le secours des troupes de ligne nécessaires pour   (prévenir ou dissiper les attroupements formés, etc..., ou pour procurer l'exécution de tel jugement ou telle ordonnance de police).

« Et pour la garantie dudit commandant, nous apposons notre signature.

« Fait à   , le   .

              » (Signature.) »

Art. 8. — L'autorité militaire qui reçoit une réquisition doit en accuser aussitôt réception à l'autorité dont elle émane, en indiquant la date et l'heure où elle l'a reçue et les mesures prises pour l'exécution; elle rend compte, en même temps, à ses chefs hiérarchiques, en leur adressant une copie conforme de l'original. Elle garde l'original pour sa décharge.

Le télégraphe ou le téléphone peuvent être employés pour *prévenir* de l'envoi d'une réquisition, en faisant connaître son objet, afin que l'autorité requise puisse préparer les mesures nécessaires à son exécution ; mais aucun commencement d'exécution ne peut avoir lieu avant la réception de la réquisition écrite.

Toutefois, lorsque les autorités requérante et requise ont un chiffre officiel pour correspondre entre elles, la réquisition *entièrement chiffrée* et transmise *par télégramme officiel* peut être provisoirement exécutée, sous la responsabilité de celui qui l'adresse par cette voie, sans attendre la réception de la confirmation écrite, qui doit suivre le plus tôt possible.

Art. 9. — L'autorité civile est seule juge du moment où la force armée doit être requise; mais il importe que l'autorité militaire ne soit pas surprise par une réquisition.

En conséquence, dès que la tranquillité publique est menacée, l'autorité militaire, indépendamment des renseignements directs qu'elle reçoit de la gendarmerie, doit être informée et tenue au courant par l'autorité civile dans des conditions suffisantes pour qu'elle prenne ses dispositions de manière que son action, lorsqu'elle se produira, soit prompte et efficace.

Art. 10. — La main-forte est prêtée toutes les fois qu'elle est requise par ceux à qui la loi donne le droit de la requérir.

Quel que soit le motif de la réquisition, si elle est formulée dans les conditions de la loi, elle est d'abord exécutée. Celui qui la reçoit n'a pas le droit de la juger.

Toutefois, lorsque la réquisition n'a pas été l'objet d'un concert préalable et que l'autorité militaire qui la reçoit n'a pas les moyens d'y satisfaire en tout ou en partie, cette autorité, après avoir fait tout ce qu'elle peut, présente ses observations à l'autorité requérante et en rend compte immédiatement à ses supérieurs hiérarchiques.

Toute réquisition, une fois exécutée, peut être soumise par la voie hiérarchique au Ministre de la guerre, avec les observations dont elle fait l'objet.

Art. 11. — Si, conformément à l'article précédent, l'autorité militaire est tenue d'exécuter toute réquisition légalement formulée par l'autorité civile compétente, par contre, il lui est interdit d'obtempérer à celles qui ne présenteraient pas ces caractères. Lorsqu'elle reçoit une réquisition de cette nature, elle doit immédiatement faire ses observations à l'autorité requérante et en informer ses supérieurs hiérarchiques.

Art. 12. — Les autorités civiles doivent, dans leurs réquisitions, expliquer et détailler clairement l'objet de la réquisition, en désignant, le cas échéant, l'étendue de surveillance qu'elles croient nécessaire; après quoi l'exécution de ces dispositions et toutes les mesures capables de la procurer sont du ressort exclusif de l'autorité militaire, qui en est responsable, jusqu'à ce qu'il lui ait été notifié par l'autorité requérante que ses services ne sont plus nécessaires (1).

Conformément à ce principe, l'autorité requérante ne doit pas spécifier dans sa réquisition l'effectif, ni la nature des troupes à

---

(1) Voir article 17 du titre III de la loi du 10 juillet 1791. — « En conséquence, lorsqu'il s'agira soit de dispositions passagères, soit de mesures de précautions permanentes telles que patrouilles régulières, détachements pour le maintien de l'ordre ou de l'exécution des lois, police des foires, marchés et autres lieux publics, etc., les officiers civils remettront au commandant militaire une réquisition signée d'eux, dont les divers objets seront clairement expliqués et détaillés, et dans laquelle ils désigneront l'étendue de surveillance qu'ils croiront nécessaire; après quoi l'exécution de ces dispositions, et toutes mesures capables de la procurer. telles que consignes, placements des sentinelles, bivouac, conduite et direction des patrouilles, emplacements des gardes et des détachements, choix des troupes et des armes, et tous autres modes d'exécution seront laissés à la discrétion du commandant militaire. qui en sera responsable jusqu'à ce qu'il lui ait été notifié par les officiers civils que ses soins ne sont plus nécessaires, ou qu'ils doivent prendre une autre direction. »

employer et elle doit se borner à cet égard à une simple appréciation.

La fixation de ces éléments rentre dans les moyens d'exécution laissés à l'autorité militaire requise, à qui il appartient, étant connu l'objet de la réquisition, d'appliquer à son exécution les effectifs nécessaires des troupes de diverses armes sous ses ordres, jusqu'à concurrence des forces disponibles de son commandement qu'elle juge pouvoir être affectées à ce service.

Art. 13. — Conformément au même principe, les troupes affectées à l'exécution d'une réquisition ne doivent, dans aucun cas, être « mises à la disposition » de l'autorité civile, et celle-ci n'a à exercer sur la force publique aucune espèce de commandement ; elle indique dans chaque situation le but à atteindre, et au commandant de la troupe, seul, appartient le choix et l'exécution des mesures à prendre pour satisfaire, selon les circonstances, à l'objet de la réquisition.

Toutefois, le commandant militaire ne doit pas perdre de vue qu'il serait responsable de l'inexécution de la réquisition si, sous prétexte d'user de son droit de choisir les moyens, il refusait ou négligeait de prendre les mesures qui seraient nécessaires pour procurer l'effet demandé.

Il convient qu'au cours de l'exécution de la réquisition toute mesure importante ou décision grave soit l'objet du concert préalable recommandé à l'article 2 entre le commandant de la troupe et le représentant de l'autorité civile.

En effet, l'autorité civile, par le fait qu'elle requiert l'action de la troupe après avoir constaté sa propre impuissance, assume la responsabilité que comporte cette action. Le chef de la troupe ne doit pas manquer de le faire observer si, dans le cas prévu à l'article suivant, il est requis de prescrire l'usage des armes ; s'il voit un autre moyen d'obtenir le but poursuivi, il doit le signaler expressément avant d'agir.

Sa mission terminée, le commandant militaire doit rendre compte de l'exécution, d'une part à l'autorité requérante, d'autre part à ses chefs hiérarchiques.

Art. 14. — Conformément à l'article 25 de la loi du 3 août 1791 (1) les troupes requises font usage de leurs armes dans les cas suivants :

---

(1) Article 25 de la loi du 3 août 1791. — « Les dépositaires des forces publiques appelées, soit pour assurer l'exécution de la loi, des jugements et ordonnances, ou mandements de justice ou de police, soit pour dissiper les émeutes populaires et attroupements séditieux, et saisir les chefs, auteurs et instigateurs de l'émeute ou de la sédition, ne pourront déployer la force des armes que dans trois cas :

« Le premier, si des violences ou voies de fait étaient exercées contre eux-mêmes ;

« Le second, s'ils ne pouvaient défendre autrement le terrain qu'ils occuperaient, ou les postes dont ils seraient chargés ;

« Le troisième, s'ils étaient expressément autorisés par u officier c 'l..... »

1° Si des violences ou voies de fait sont exercées contre elles;

2° Si elles ne peuvent défendre autrement le terrain qu'elles occupent ou les postes dont elles sont chargées.

Dans tous les autres cas, elles ne peuvent agir que sur la réquisition de l'autorité civile.

En cas d'attroupement sur la voie publique, s'il n'y a pas d'officier civil sur les lieux, le commandant de la troupe doit aviser immédiatement l'officier civil le plus voisin, et l'on procède ensuite conformément à l'article 3 de la loi du 7 juin 1848, lequel est ainsi conçu :

« Lorsqu'un attroupement armé ou non armé se sera formé sur la voie publique, le maire ou l'un de ses adjoints, à leur défaut le commissaire de police ou tout autre agent ou dépositaire de la force publique et du pouvoir exécutif, portant l'écharpe tricolore, se rendra sur les lieux de l'attroupement.

« Un roulement de tambour (1) annoncera l'arrivée du magistrat.

« *Si l'attroupement est armé*, le magistrat lui fera sommation de se dissoudre et de se retirer.

« Cette première sommation restant sans effet, une seconde sommation, précédée d'un roulement de tambour (1), sera faite par le magistrat.

____

(1) Si la troupe n'a pas de tambour, le roulement de tambour peut être remplacé par une sonnerie de *Garde à vous*.

« En cas de résistance, l'attroupement sera dissipé par la force.

« *Si l'attroupement est sans armes*, le magistrat, après le premier roulement de tambour (1), exhortera les citoyens à se disperser. S'ils ne se retirent pas, trois sommations seront successivement faites.

« En cas de résistance, l'attroupement sera dissipé par la force. »

Mais, si la troupe en présence de l'attroupement se trouve dans l'un des deux premiers cas prévus par le présent article, elle fera usage de ses armes encore bien que les formes prescrites par l'article 3 de la loi du 7 juin 1848 n'aient pu être observées. Néanmoins le commandant de la troupe, lorsque la soudaineté de l'attaque ne lui en enlèvera pas les moyens, devra avertir les assaillants, soit par un ou plusieurs roulements de tambour, soit par une ou plusieurs sonneries de « garde à vous », soit par des avis répétés à haute voix, que l'emploi des armes va être ordonné. Avant d'agir, il laissera s'écouler autant de temps que le permettra la sécurité de sa troupe ou la conservation des postes confiés à son honneur militaire.

Art. 15. — Les responsabilités des autorités des divers ordres dans les réquisitions sont définies par les articles suivants du Code pénal :

« *Art. 114.* — Lorsqu'un fonctionnaire public, un agent ou un préposé du gouvernement, aura ordonné ou fait quelque acte ar-

____

(1) Voir la note de la page précédente.

bitraire, ou attentatoire, soit à la liberté in-
dividuelle, soit aux droits civiques d'un ou
de plusieurs citoyens, soit à la Charte, il sera
condamné à la dégradation civique.

« Si, néanmoins, il justifie qu'il a agi par
ordre de ses supérieurs pour des objets du
ressort de ceux-ci, sur lesquels il leur était
dû obéissance hiérarchique, il sera exempt
de la peine, laquelle sera, dans ce cas, appli-
quée seulement aux supérieurs qui auront
donné l'ordre. »

« *Art. 188.* — Tout fonctionnaire public,
agent ou préposé du gouvernement, de quelque état et grade qu'il soit, qui aura requis
ou ordonné, fait requérir ou ordonner l'action ou l'emploi de la force publique contre
l'exécution d'une loi ou contre la perception
d'une contribution légale, ou contre l'exécution, soit d'une ordonnance ou mandat de
justice, soit de tout autre ordre émané de
l'autorité légitime, sera puni de la réclusion. »

« *Art. 189.* — Si cette réquisition ou cet
ordre ont été suivis de leur effet, la peine sera le maximum de la réclusion. »

« *Art. 190.* — Les peines énoncées aux articles 188 et 189 ne cesseront d'être applica-
bles aux fonctionnaires ou préposés qui au-
raient agi par ordre de leurs supérieurs,
qu'autant que cet ordre aura été donné par
ceux-ci pour des objets de leur ressort, et sur
lesquels il leur était dû obéissance hiérarchique; dans ce cas, les peines portées ci-dessus
ne seront appliquées qu'aux supérieurs qui
les premiers auront donné cet ordre. »

« *Art. 191.* — Si, par suite desdits ordres ou réquisitions, il survient d'autres crimes punissables de peines plus fortes que celles exprimées aux articles 188 et 189, ces peines plus fortes seront appliquées aux fonctionnaires, agents ou préposés coupables d'avoir donné lesdits ordres ou fait lesdites réquisitions. »

« *Art. 234.* — Tout commandant, tout officier ou sous-officier de la force publique, qui, après en avoir été légalement requis par l'autorité civile, aura refusé de faire agir la force à ses ordres, sera puni d'un emprisonnement d'un mois à trois mois, sans préjudice des réparations civiles qui pourraient être dues aux termes de l'article 10 du présent Code (1).

L'article 234 du Code pénal s'applique aux autorités militaires qui ont été saisies directement d'une réquisition.

Quant à celles qui ont reçu d'une autorité militaire supérieure des ordres relatifs à l'exécution d'une réquisition et qui ne se sont pas conformées à ces ordres, elles sont passibles de l'article 218 du Code de justice militaire (2).

---

(1) Article 10 du Code pénal. — « La condamnation aux peines établies par la loi est toujours prononcée sans préjudice des restitutions et dommages-intérêts qui peuvent être dus aux parties. »

(2) Article 218 du Code de justice militaire. — « Est puni de mort avec dégradation militaire tout militaire qui refuse d'obéir, lorsqu'il est commandé pour marcher contre l'ennemi,

CHAPITRE II.

RECOMMANDATIONS SPÉCIALES.

Art. 16. — Conformément à l'article 18 du décret du 4 octobre 1891 (1), des instructions écrites, préparées par les commandants d'armes et approuvées par le commandant de la région, doivent être données à l'avance, dans chaque place, en prévision des réquisitions de l'autorité civile pour le cas de troubles intérieurs.

Des plans d'ensemble peuvent être aussi préparés par les commandants des régions, avec l'approbation du Ministre, ou peuvent être prescrits par le Ministre de la guerre, s'il y a lieu, après accord avec les autres Ministres intéressés, en vue de certaines éventualités d'un caractère général ou d'une gravité particulière.

---

ou pour tout autre service ordonné par son chef en présence de l'ennemi ou de rebelles armés.

« Si, hors le cas prévu par le paragraphe précédent, la désobéissance a eu lieu sur un territoire en état de guerre ou de siège, la peine est de cinq à dix ans de travaux publics, ou, si le coupable est officier, de la destitution avec emprisonnement de deux à cinq ans.

« Dans tous les autres cas, la peine est celle de l'emprisonnement d'un an à deux ans, ou, si le coupable est officier, celle de la destitution. »

(1) Article 18 du décret du 4 octobre 1891. — « Il (le commandant d'armes) donne des instructions écrites pour les cas d'alarme ou d'in-

Art. 17. — En dehors des cas où la réquisition peut être exécutée par la simple mise en jeu des mesures préparées à l'avance, l'autorité militaire, saisie d'une réquisition, doit choisir les troupes à y employer parmi celles qui conviennent le mieux à son objet.

S'il s'agit d'une émeute, il sera généralement préférable de faire intervenir la cavalerie et l'on devra tout au moins faire appuyer l'infanterie par quelques troupes à cheval (cavalerie, gendarmerie, ou, à défaut, artillerie).

S'il y a des obstacles matériels à briser, des ouvriers d'art des corps ou des détachements du génie ou d'artillerie seront adjoints aux troupes; même dans certains cas, des soldats sans fusil, mais néanmoins toujours munis de leur épée-baïonnette, pourront être commandés pour marcher en seconde ligne.

---

cendie, et en prévision des réquisitions de l'autorité civile pour le cas de troubles intérieurs.

« Ces instructions font connaître le rôle assigné aux troupes des casernes et des postes de la place, les lieux où doit s'opérer leur rassemblement et les dispositions à prendre pour protéger les établissements militaires et civils.

« Ces instructions précisent notamment les circonstances dans lesquelles les postes, suivant leur position, leur objet et leur force, doivent se replier sur d'autres ou se défendre sur place jusqu'à la dernière extrémité.

« Elles doivent recevoir l'approbation du général commandant le corps d'armée, qui en rend compte au Ministre. »

On évitera toujours de placer de faibles effectifs en présence d'agglomérations nombreuses.

Toute troupe appelée à marcher pour une réquisition doit être pourvue d'un tambour ou d'un clairon; les cartouches sont emportées, à moins d'ordre contraire donné par l'autorité militaire qui a reçu la réquisition.

Art. 18. — En principe, tout détachement de troupe, désigné pour l'exécution d'une réquisition, doit être commandé par un officier.

Tout officier désigné pour ce service doit, aux qualités d'énergie et de sang-froid indispensables à l'emploi d'une troupe dans ces circonstances délicates, joindre le tact nécessaire dans les rapports avec les autorités civiles, et doit veiller avec soin à ce qu'il ne soit porté aucune atteinte à la dignité en même temps qu'au prestige de la force armée dont il a la direction.

Art. 19. — Dans l'exécution des réquisitions, les troupes requises doivent avoir pour règle de se renfermer exactement dans le mandat tracé par la réquisition et d'agir ouvertement, comme il convient à leur caractère.

Le commandant des troupes doit éviter, autant que possible, tout contact des troupes avec la population.

Il ne doit accepter que des cantonnements suffisamment resserrés et à l'abri d'une surprise. Il doit interdire aux militaires de tout grade l'entrée des lieux publics fréquentés par les perturbateurs ou les manifestants, ainsi que toute acceptation d'invitation chez les habitants.

Lorsqu'un conflit est à prévoir, il est indispensable qu'un représentant de l'autorité civile se trouve avec la troupe pour procéder aux arrestations et pour faire, s'il y a lieu, les sommations prescrites par la loi.

A défaut de représentants de l'autorité civile, les troupes doivent être assistées de la gendarmerie, pour que celle-ci procède aux arrestations ; mais la gendarmerie n'ayant pas qualité pour faire, le cas échéant, les sommations légales, le commandant de la troupe ne doit pas appliquer l'article 3 de la loi du 7 juin 1848, sans la présence d'un magistrat civil.

CHAPITRE III.

RÉQUISITIONS INDIVIDUELLES.

Art. 20. — En vertu de l'article 106 du Code d'instruction criminelle (1), tout dépositaire de la force publique, et par consé-

---

(1) Article 106 du Code d'instruction criminelle. — « Tout dépositaire de la force publique et même toute personne sera tenu de saisir le prévenu surpris en flagrant délit, ou poursuivi, soit par la clameur publique, soit dans les cas assimilés au flagrant délit, et de le conduire devant le procureur du Roi (procureur de la République), sans qu'il soit besoin de mandat d'amener si le crime ou délit emporte peine afflictive ou infamante. »

quent tout militaire, est en état de réquisition légale et permanente, sans qu'il soit besoin d'une réquisition écrite de l'autorité civile, lorsque en cas de crimes ou de délits flagrants il s'agit de s'assurer de la personne du prévenu.

En conséquence, et conformément à l'article 168 du décret du 4 octobre 1891 (1), tout militaire en uniforme doit prêter spontanément main-forte, même au péril de sa vie, à la gendarmerie, ainsi qu'aux autres agents de l'autorité, lorsque ceux-ci sont en uniforme ou revêtus de leurs insignes.

En outre, en cas de crime flagrant, s'il n'y a pas d'officier de police présent sur les lieux, tout militaire doit se saisir du malfaiteur et le remettre à la gendarmerie ou à l'autorité de police la plus voisine.

Art. 21. — La présente instruction abroge la circulaire ministérielle du 16 mars 1848 (*B. O.*, vol. 4, p. 810) et les dispositions contraires des circulaires confidentielles des 23 février, 20 avril et 30 août 1893 et du 10 juin 1901 (Cabinet du Ministre, Bureau de la Correspondance générale), non insérées au *Bulletin officiel*.

Le Ministre de la guerre,
Général L. ANDRÉ.

---

(1) Article 168 du décret du 4 octobre 1891. — « Tout militaire en uniforme doit prêter spontanément main-forte, même au péril de sa vie, à la gendarmerie et autres agents de l'autorité. »

Circulaire relative aux réquisitions de la force armée.

Paris, le 10 septembre 1904.

Le Ministre de la guerre à MM. les Gouverneurs militaires de Paris et de Lyon; les Généraux commandant les corps d'armée.

J'ai l'honneur de porter à votre connaissance que, dans sa séance du 2 août 1904, le conseil d'Etat a émis l'avis ci-après :

« Les sections réunies des finances, de la guerre, de la marine et des colonies et de législation, de la justice et des affaires étrangères du conseil d'Etat, consultées par le Ministre de la guerre sur la question de savoir si l'on doit considérer comme étant encore en vigueur l'article 21 de la loi du 26 juillet-3 août 1791, concernant les réquisitions de la force armée par l'autorité civile, ainsi conçu : « Les réquisitions seront faites aux chefs commandant en chaque lieu et lues à la troupe assemblée ».

« Considérant que la disposition insérée dans l'article 21 de la loi du 3 août 1791 précitée se trouvait mentionnée, pour la première fois, dans un décret de l'Assemblée nationale constituante des 10-14 août 1789; mais qu'à la suite d'une rectification de texte dont l'exposé des motifs du décret conserve la trace, elle a disparu du dispositif du décret revêtu de la sanction royale;

que la réapparition de la même disposition dans le décret de l'Assemblée nationale du 3 août 1791 et sa mise en vigueur s'expliquent par les circonstances dans lesquelles le décret du 3 août a été édicté, pendant la période d'intérim du pouvoir royal qui a suivi le 21 juin 1791;

« Mais considérant que la loi constitutionnelle des 3-14 septembre 1791, qui traite à nouveau, dans son titre IV, de la force publique et de son emploi, dispose expressément dans son article 12 : « La force publi- « que est essentiellement obéissante nul corps « armé ne peut délibérer »; que, de l'impossibilité de concilier les dispositions de l'article 21 de la loi du 3 août précédent, relatives à la lecture à la troupe assemblée des réquisitions faites par l'autorité civile avec l'article 12, titre IV, de la loi des 3-14 septembre 1791, ci-dessus reproduit, il résulte qu'elles ont été implicitement abrogées par cette loi;

« Considérant que l'abrogation implicite des dispositions de loi précitées ne paraît jamais avoir été mise en doute dans l'opinion des assemblées législatives et des gouvernements qui, à différentes époques, et dans des actes nombreux, ont réglé, suivant leur compétence respective, l'emploi de la force armée à l'intérieur et les rapports de l'autorité civile avec la force publique;

« Que toutes les fois que les assemblées législatives qui se sont succédé depuis l'Assemblée nationale constituante ont réglé la matière, elles ont proclamé les mêmes prin-

cipes invariablement associés, savoir : 1° la
force publique employée pour maintenir l'ordre et la paix dans l'intérieur n'agit que
sur la réquisition par écrit des autorités
constituées; 2° nul corps armé ne peut délibérer; que ces déclarations sont, notamment, reproduites presque littéralement
dans l'acte constitutionnel du 24 juin 1793
(art. 112 et 114), dans celui du 5 fructidor
an III (art. 276 et 291), dans celui du 4 no-
vembre 1848; qu'il est à remarquer que la
première des déclarations ci-dessus relatées
rappelle expressément l'une des formes exi-
gées par le législateur du 3 août : l'obliga-
tion de rédiger par écrit les réquisitions, et
s'abstient, au contraire, de mentionner
l'autre concernant la lecture de l'acte à la
troupe assemblée;

« Que, dans le texte, ni dans la discussion
des lois des 10-11 avril 1831 et du 7 juin 1848
sur les attroupements, il n'est fait mention
de l'accomplissement d'aucune formalité de
lecture des réquisitions aux troupes appelées à maintenir l'ordre; que, s'il en a été
question dans l'article 7 de la loi du 22
mars 1831 sur la garde nationale, les observations échangées pendant la discussion de
cet article et la réponse du rapporteur à
l'auteur d'un amendemnt tendant à la sup-
pression de la dernière phrase de l'article
portant « qu'il sera donné communication
de la réquisition à la tête de la troupe »,
expliquent qu'il s'agit d'une précaution spéciale destinée à soustraire les gardes natio-
nales à l'obéissance des troupes de ligne et

TABLE CHRONOLOGIQUE

TABLE ALPHABÉTIQUE

F

R

9 782019 633264